मुस्कुराती है सुबह

ग़ज़ल संग्रह

डॉ. विष्णु सक्सेना

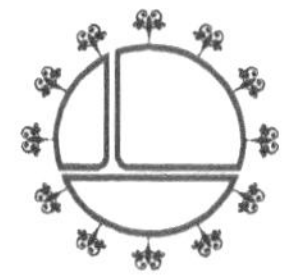

अंजुमन प्रकाशन

अंजुमन प्रकाशन

942, मुट्ठीगंज, प्रयागराज-3 उत्तर प्रदेश, भारत

www.anjumanpublication.com

contact@anjumanpublication.com

प्रथम संस्करण अंजुमन प्रकाशन द्वारा 2021 में प्रकाशित

आवरण व टाइप सेटिंग : अंजुमन प्रकाशन

ISBN : 978-93-88556-67-5

जिन्हें मैं देख नहीं पाया
आदरणीय श्री विश्वनाथ सहाय
एवं
आदरेया श्रीमती विमला सक्सेना
को समर्पित

लेखकीय

चाहत से नफरतों को मिटाता चला गया,
वो रूठते रहे मैं मानता चला गया,
कुछ इस तरह ग़ज़लमें कही मैंने दास्तान
सब रो रहे थे और मैं सुनाता चला गया,

न गीत लिखना आसान है और न ही ग़ज़ल कहना। सही मायने में ग़ज़ल के एक शेर में पूरी बात कहने का सलीका अगर आ गया तो ग़ज़ल बहुत आसान लगने लगती है। ग़ज़लें सुनने का बचपन से शौक रहा है। बड़े हुए तो शायरों की ग़ज़लें गाना शुरू कर दिया। लेकिन जब समझदार हुए और मुशायरों में आने-जाने से शायर दोस्तों की सुहबत मिली तो ग़ज़ल कहने का शौक पैदा हो गया। धीरे-धीरे इतनी ग़ज़लें हो गईं कि लगने लगा कि इनकी तो एक किताब बनाई जा सकती है। कुछ शायर दोस्तों को दिखाई तो सारी ग़ज़लें मुस्कुराने लगीं और अंजुमन प्रकाशन के स्पर्श से 'मुस्कुराती है सुबह' नाम से सारी ग़ज़लें दीवान में ढल गयीं।

ये मैं अच्छी तरह से जानता हूँ कि मैं ग़ज़ल-गो नहीं हूँ इसलिए ग़ज़ल के जानकारों की नज़र में यह बहुत मामूली ग़ज़लें हो सकती हैं लेकिन मैं यह अच्छी तरह से जानता हूँ कि ये बहुत आसान ग़ज़लें हैं आसानी से समझ में आने वाले शेर हैं क्योंकि आसान लिखना बहुत मुश्किल होता है इसलिए इस प्रथम संग्रह में मैंने बहुत मुश्किल काम किया है।

मेरे उन तमाम शायर दोस्तों का शुक्रिया जिन्होंने इन इन ग़ज़लों में इस्लाह

की, उन सभी श्रोताओं के शुक्रिया जिन्होंने इन्हें पसंद किया, अंजुमन प्रकाशन का शुक्रिया जिसने इन ग़ज़लों को एक जिल्द में बाँध दिया।

साभार।

डा. विष्णु सक्सेना
ग़ाज़ियाबाद (उ.प्र.)
मोबाइल- 9412277268, 7017823400

अनुक्रम

इस तरह मुझको देखती हो क्या।
मेरी आँखों की रौशनी हो क्या।

मेरे अन्दर का सूर्य पूछता है,
तुम वही धूप गुनगुनी हो क्या।

फूल की ख़ुशबुओं में लिपटी हुई,
ख़ूबसूरत-सी शायरी हो क्या।

जिसका हर सफ़हा मैंने लिक्खा था,
तुम वही मेरी डायरी हो क्या।

जिस्म से जाँ ने रूठकर पूछा,
तुम भी मेरी तरह दुखी हो क्या।

मैंने हँसते ही देखा तुमको सदा,
तुम भी बच्चों-सी रूठती हो क्या।

ज़िद तुम्हारी मुझे हँसाती है,
मेरी बेटी-सी लाड़ली हो क्या।

रात अँधियारी और उसकी झिलमिलाती-सी नज़र।
जान ले लेगी हमारी, मुस्कुराती-सी नज़र।

आज मैंने ज्यों ही अपना साज़े-दिल छेड़ा तो, इक,
उठ गयी मेरी तरफ़ वो गुनगुनाती-सी नज़र।

छू लिया हमको जो उसने दिल की धड़कन बढ़ गयी,
कुछ न कर पायी हमारी कँपकपाती-सी नज़र।

हमने माना गर्मियों की रातें तो कट जायेंगी,
सर्दियों में टीस देगी सरसराती-सी नज़र।

सादा दिल थे हम सो उससे कुछ छुपाते भी तो क्या,
एकटक तकती रही वो; आज़माती-सी नज़र।

उस नज़र से डर-सा लगता था जो हो दिल की नक़ाब,
अब हमें भाती है हाले-दिल सुनाती-सी नज़र।

ये दुआ है, फूल गुलशन के सभी हँसते रहें,
देखकर लगता है डर, हर डबडबाती-सी नज़र।

क़त्ल करना तुम्हारी फ़ितरत है।
माफ़ करना हमारी आदत है।

साथ रहती है आप सबकी दुआ,
मेरे घर हर तरह से बरक़त है।

मंदिरों, मस्जिदों से आरी हूँ,
इश्क़ ही अब मेरी इबादत है।

इस तरह उसने मुझको देखा था,
आज तक रूह में हरारत है।

अब तो मैं माँ के साथ रहता हूँ,
अब तो घर में ही मेरी जन्नत है।

ये जो दरिया मिले समंदर से,
या सियासत है या मुहब्बत है।

मैं चराग़ों के साथ जलता हूँ,
ऐ हवाओं ये मेरी क़िस्मत है।

गाँठ मन की यहाँ खोलता कौन है।
क्या पता इश्क़ में बेवफ़ा कौन है।

शायद औरों के ग़म में परेशाँ हो तुम,
वरना रातों को यूँ जागता कौन है।

साथ ग़ुरबत में तुमने दिया, शुक्रिया,
वरना हमको यहाँ पूछता कौन है।

मज़हबों को तो सब मानते है यहाँ,
मजहबों की यहाँ मानता कौन है।

हम कहाँ आपकी तरह मशहूर हैं,
शहर भर में हमें जानता कौन है।

दिल के रिश्ते हों या दिल का मंदिर कोई,
तोड़ते हैं सभी जोड़ता कौन है।

तीर्थ को तो सभी जाते हैं आजकल,
घर में माँ-बाप को पूजता कौन है।

इस मुसलसल सफ़र में थकावट नहीं,
जाने नस-नस में ये दौड़ता कौन है।

देश भी एक है और हम सब भी फिर,
मज़हबों में हमें बाँटता कौन है।

कोई बेटी नहीं सिर्फ बेटे हैं फिर,
मेरे आँगन में ये झूलता कौन है।

एक दूजे को हमने निहारा बहुत,
पर पता ना चला आईना कौन है।

5

संग मेरे हँसोगे ये उम्मीद है।
साथ ग़म में भी दोगे ये उम्मीद है।

दिन ढला रात ले आयी तन्हाइयाँ,
तुम सितारे गिनोगे ये उम्मीद है।

गर बढ़ाओगे हाथ इक की मदद के लिये,
तुम भी फूलो -फलोगे ये उम्मीद है।

वक़्त जैसा भी हो राह कोई भी हो,
तुम सँभलकर चलोगे ये उम्मीद है।

मन से धागा हूँ मैं और तुम तन से मोम,
मैं जलूँ तो गलोगे ये उम्मीद है।

आपको भज लिया उम्रभर, मुरलीधर,
आप अब तो दिखोगे ये उम्मीद है।

अभी ख़ुश थे अचानक हो गया क्या,
किसी की बात से कुछ दिल दुखा क्या।

मुसलसल इतने आँसू बह रहे हैं,
तुम्हारी आँख में कुछ आ गया क्या।

बनेंगी फूल तो बिखरेंगी कलियाँ,
यही है ज़िन्दगी का फ़लसफ़ा क्या।

मेरे दिल से धुआँ जो उठ रहा है,
बताओ तो तुम्हारा दिल जला क्या।

मेरी हालत पे तुम क्यूँ हँस रहे हो,
मुझे समझा है तुमने चटकुला क्या।

लगायें दिल तो रोएं ज़िंदगी भर,
कोई समझाये है ये मसअला क्या।

खुदा ने आसरा सबको दिया है,
मुझे तुम दे सकोगे आसरा क्या।

जो सारी उम्र तुम रोते रहे हो,
तो क्या इस आँख से मैं भी बहा क्या।

मुहब्बत में हैं सबके हाथ खाली,
दिया बिन तेल के जलता रहा क्या।

ग़म से रिश्ता मेरा जोड़कर रख दिया।
आपने मेरा दिल तोड़कर रख दिया।

तुम पढ़ोगे न मुझको, ये मालूम था,
बेसबब ही वरक़ मोड़कर रख दिया।

उसने समझा दिया ज़िन्दगी का सबक़,
शाख़ से एक गुल तोड़कर रख दिया।

इश्क़ में अब ज़रा भी हरारत नहीं,
शाल उसने लिया, ओढ़कर रख दिया।

प्यार ने आरज़ूओं के सैलाब का,
इक इशारे में रुख़ मोड़कर रख दिया।

8

मेरी आँखों में फिर ख़्वाब जगने लगा।
आसमाँ चाँद-तारों से सजने लगा।

जब मुहब्बत से तुमने निहारा हमें,
घर तुम्हारा हमारा-सा लगने लगा।

जबसे मुझको लगा इक समन्दर है तू,
मेरी आँखों से दरिया-सा बहने लगा।

तेरी रहमत के सूरज का ही है असर,
मेरा ग़म धीरे-धीरे पिघलने लगा।

वक़्त और ये ज़माना है अब भी वही,
तू न बदला मगर मैं बदलने लगा।

ज़िन्दगी में हमें और क्या चाहिए।
आपके इश्क़ का ही नशा चाहिए।

तू न आये तो आ जाऊँ मैं तेरे दर,
इसलिए मुझको तेरा पता चाहिए।

मेरा घर भी हो रौशन तुम्हारी तरह,
मेरे घर को तुम्हारी दुआ चाहिए।

ज़ख़्म दिल के बहुत दिन से महके नहीं,
तेरे दामन की थोड़ी हवा चाहिए।

दर्द की याद जिससे न आये कभी,
चारागर मुझको ऐसी दवा चाहिए।

न जी-जी के मरते न मर-मर के जीते।
वो पहलू में आते तो जी भर के जीते।

दिये थे, जिये शान से ज़िंदगी हम,
मुख़ालिफ़ हवाओं से क्या डर के जीते।

तुम्हें याद रहती न जन्नत तुम्हारी,
अगर कुछ दिवस मेरे नैहर के जीते।

तुम्हारे पिघलने की होती ख़बर जो,
तो बूँदों से हम भी यूँ झर-झर के जीते।

तुम्हें हो न हो हमको पाकर खुशी तो,
कहें कैसे हम तुमको खोकर के जीते।

सफ़र में था, अब भी सफ़र कर रहा हूँ।
कि जीने की कोशिश में अब मर रहा हूँ।

चराग़ों को इक रोज़ बुझना पड़ेगा,
ये मालूम है फिर भी क्यों डर रहा हूँ।

सिवा मेरे कुछ और उसको न भाया,
मैं उसका पसंदीदा ज़ेवर रहा हूँ।

वही तो है मेरी कहानी का हीरो,
मैं जिसकी कहानी का जोकर रहा हूँ।

जुनूँ की हदें टूटती जा रही हैं,
न तुम डर रही हो न मैं डर रहा हूँ।

हक़ीक़त न तुम और न हम जानते हैं।
मुहब्बत को अब तो भरम जानते हैं।

मैं क्या इसके बारे में मंज़िल से पूछूँ,
थकन मेरी, मेरे क़दम जानते हैं।

हमें भूल जाने की आदत है लेकिन,
तुम्हें हम तुम्हारी क़सम जानते हैं।

है छुपना कहाँ और बहना कहाँ है,
ये आँसू सब अपना धरम जानते हैं।

छलकती है क्यों आँख किसको पता है,
कहाँ सब बिछड़ने का ग़म जानते हैं।

दिया तो है मजबूर कैसे बताये,
उजालों की तकलीफ़ तम जानते हैं।

मयस्सर है जो भी हमें इस जहाँ में,
हम उसको खुदा का करम जानते हैं।

ख़यालों में अक्सर ये कहता रहा हूँ।
अगर तुम न आये तो मैं आ रहा हूँ।

मुझे अपनी साँसों में महसूस करना,
हवाओं में अब मैं घुला जा रहा हूँ।

घटे हो दिनों की तरह मुझमें जब तुम,
मैं परछाइयों जैसा बढ़ता रहा हूँ।

हुआ खुश्क जिस दिन से अश्कों का दरिया,
मैं तब से ग़मों में भी हँसता रहा हूँ।

छुपाना नहीं है मुझे कुछ किसी से,
जो तुम पर लिखा है वही गा रहा हूँ।

मेरा हाथ थामे मेरे साथ हो तुम,
तसव्वुर से मैं खुद को बहला रहा हूँ।

रियासत मेरी लुट चुकी है सो अब मैं,
अलम दूसरों के ही फहरा रहा हूँ।

फ़िज़ाओं में ये कौन रस घोलता है।
मेरा यार शायद कहीं हँस रहा है।

कहीं गिर न जाऊँ मुझे थाम लो तुम,
तुम्हारी नज़र ही मेरा रास्ता है।

कहीं ज़ुल्म हत्या कहीं नारे बाजी,
ये क्या हो गया है ये क्या हो रहा है।

कहीं उसकी ज़िद दूर हमको न कर दे,
वो ढलता नहीं ख़ुद मुझे ढालता है।

हक़ीक़त जो इक दूजे की मान लें तो,
न मैं बेवफ़ा हूँ न तू बेवफ़ा है।

जिसे दिल नहीं ज़हन पर है भरोसा,
वो अन्दर फ़क़त वहम ही पालता है।

बताता नहीं राज़ दिल का मगर वो,
मुकम्मल मुझे जानना चाहता है।

तुमको देखा शायरी होने लगी।
यूँ समझ लो बंदगी होने लगी।

मन के मंदिर में रखे उसने क़दम,
गर्भगृह में आरती होने लगी।

उनके आने की ख़बर ज्यों ही मिली,
सोच मेरी फागुनी होने लगी।

दोस्तों ने दोस्ती को दी दग़ा,
दुश्मनों से दोस्ती होने लगी।

झाँककर आँखों में वो मुस्का दिये,
तो दियों में रौशनी होने लगी।

कर गयी मन को तरंगित इक छुअन,
देह जैसे बाँसुरी होने लगी।

कृष्ण, राधे से मिले, गोरे हुए,
और राधे साँवरी होने लगी।

इस क़दर हम उनके कायल हो गये।
लोग कहते हैं कि पागल हो गये।

तप रही थी मेरे चेहरे की ज़मीं,
और उनके गेसू बादल हो गये।

एक मुद्दत बाद जब दोनों मिले,
देह बिजुरी नैन जल थल हो गये।

तुमने नज़रों से हमें जब भी छुआ,
यूँ लगा हम जैसे संदल हो गये।

अब न रोयेंगे कभी, उसने कहा,
'आप जो आँखों के काजल हो गये।

चल के फूलों पर मिली मंज़िल तुम्हें,
हम चले तो पाँव घायल हो गये।

कृष्ण जी ने जब छुआ हाथों से तो,
स्वर्ण से अनमोल चावल हो गये।

तस्वीर से दिल को बहला रहा हूँ।
चालाक मन को मैं बहका रहा हूँ।

जो ख़्वाब आँखों में उसकी बसे हैं,
उनको ग़ज़ल अपनी पहना रहा हूँ।

महफ़िल में जो गीत गाये हैं मैंने,
वो गीत उनको भी पहुँचा रहा हूँ।

जो दर्द बृज को दिया द्वारिका ने,
वो दर्द खुद मैं भी सहता रहा हूँ।

मैंने ज़माने की दौलत न चाही,
मैं तो दुआओं से फलता रहा हूँ।

मैं दर्द के एक दरिया में ढलकर,
अपनी ही अँखियों से बहता रहा हूँ।

तुम एक बाती-सी जलती रही हो,
मैं मोम जैसा पिघलता रहा हूँ।

हमेशा ख़ता एक करता रहा हूँ।
हो अंजाम कुछ भी मैं सच बोलता हूँ।

चुराते हो तुम भी सदा मेरी नींदें,
तुम्हारी इन आँखों में जागता हूँ।

मुझे आँक लेती है ये सारी दुनिया,
मगर मैं किसी को कहाँ आँकता हूँ।

छुपाने से छुपती हैं कब ऐसी बातें,
जो दिल में तुम्हारे है सब जानता हूँ।

मेरे रूठ जाने पे बेचैन क्यों हो,
मैं दिल का हूँ सच्चा तभी रूठता हूँ।

न माँगी दुआ कोई इसके अलावा,
मैं जब माँगता हूँ तुम्हें माँगता हूँ।

मेरा काम है दो दिलों को मिलाना,
मुहब्बत के मारों का मैं रास्ता हूँ।

कहूँ क्या किसी से कि क्या चाहता हूँ।
मैं जुर्म-ए-वफ़ा की सज़ा चाहता हूँ।

सुकूँ चाहिए कुछ मेरे ज़हनो-दिल को,
मैं दामन की तेरे हवा चाहता हूँ।

बहुत घाव दिल को दिये हैं किसी ने,
जो आराम दे वो दवा चाहता हूँ।

नहीं बनती मेरी किसी से कि सबको,
मैं अपने ही जैसा खरा चाहता हूँ।

ज़रूरत मेरी कोई समझेगा कैसे,
मैं आकाश हूँ और धरा चाहता हूँ।

रहें ताकि दुश्मन मेरे याद मुझको,
मैं हर ज़ख़्म हरदम हरा चाहता हूँ।

असीमित उड़ानों का है शौक़ मुझको,
मकाँ आसमाँ-सा खुला चाहता हूँ।

मैं तुमको इक दफ़ा फिर कह रहा हूँ।
मुझे मंज़िल न समझो, रास्ता हूँ।

यहाँ लक्ष्मण की रेखा तुम न खींचो,
मैं अपनी सरहदें पहचानता हूँ।

अमावस की है काली रात तो क्या,
अभी आँचल में तारे टाँकता हूँ।

रिझाओगी भला अब कैसे बोलो,
मैं अपनी ही धुनों पर नाचता हूँ।

ये सच है झील-सा ठहरा हूँ, लेकिन,
मैं अब भी लहर-ए-दिल पर झूलता हूँ।

तुम्हारी मुस्कुराहट देखकर मैं,
हमेशा किस नशे में झूमता हूँ।

मेरे आँगन में जो ये खेलता है,
मैं इसमें अपने कल को ढूँढ़ता हूँ।

वो भोला है कहाँ कुछ जानता है।
यही सबसे बड़ी उसकी ख़ता है।

पकड़ता ही नहीं है उँगलियों को,
वो तो सीधे कलाई थामता है।

वो जो हमराज़ बनता था हमारा,
हमारे राज़ वो ही खोलता है।

ज़माने भर के डर से, माना चुप है,
मगर आँखों से सब कुछ बोलता है।

वही दुश्मन बनेगा देख लेना,
जो तेरा दोस्त बनकर घूमता है।

है मेहनत का नशा मेरी रगों में,
पिता का ख़ून मुझमें दौड़ता है।

खुदा का शुक्र है बेटा हमारा,
हमारी सारी बातें मानता है।

मुझे जो आज तुमने दी दुआ है।
समझ लो बस यही मेरी दवा है।

तेरी आँखों में झाँका जबसे मैंने,
तभी से मुझपे छाया इक नशा है।

अगर उससे नहीं है कोई रिश्ता,
तो फिर आँखों में वो क्यों रह रहा है।

नहीं आयेगा वो दरिया से मिलने,
समन्दर का ये अंतिम फ़ैसला है।

चली हों आँधियाँ नफ़रत की लेकिन,
मुहब्बत का दिया जलता रहा है।

चुभती हुई हर बात को अच्छा कहें कैसे,
अब दोस्तों की घात को अच्छा कहें कैसे।

नींदें नहीं सपने नहीं, बेचैनियाँ थीं बस,
बीती हुई उस रात को अच्छा कहें कैसे।

सावन नहीं, भादो नहीं, बादल न ही बिजली,
बेमौसमी बरसात को अच्छा कहें कैसे।

इतने नहीं नादान कि जो खेल न समझें,
फिर भी मिली इस मात को अच्छा कहें कैसे।

जल्दी में बिगड़ता है वो हो फैसला या प्यार,
भड़के हुए जज़्बात को अच्छा कहें कैसे।

हड़ताल है केवल यहाँ बिजली है न पानी,
इस मुल्क के हालात को अच्छा कहें कैसे।

ये कहते हैं सभी, ग़म और ख़ुशी दो-चार दिन की है।
जियें जी भर के जब ये ज़िन्दगी दो-चार दिन की है।

गले लग जाओगे कसकर, मिलोगे फिर कभी जब तुम,
हमें मालूम है ये बेरुख़ी दो-चार दिन की है।

न करिए बंद उम्मीदों की खिड़की, रौशनी होगी,
कि हम ये जानते हैं तीरगी दो-चार दिन की है।

ये आँसू देखकर तुम फ़िक्र मत करना कि ख़ुश हैं हम,
हमारी आँख में ठहरी नमी दो-चार दिन की है।

हवा में ख़ुशबुएँ घुलती हैं जैसे, वैसे घुल जायें,
जो कहते हैं कहें ये आशिक़ी दो-चार दिन की है।

हमेशा रोशन-आरा ही रहेगा अब जहाँ दिल का,
भला हम क्यों कहें ये रौशनी दो-चार दिन की है।

बहुत जल्द आ रहा हूँ बन के सावन तेरी छत पर मैं,
गुलाबी इन लबों की तिश्नगी दो-चार दिन की है।

मुहब्बत के मुक़दमे में ज़मानत क्यों नहीं होती।
जिरह सब करते हैं लेकिन अदालत क्यों नहीं होती।

सफ़र है ज़िन्दगी मेरी इसे दिन-रात करना है,
ये मुझसे पूछते हैं सब, हरारत क्यों नहीं होती।

रफू दिन-रात करता है जो सारे शहर के कपड़े,
कभी उसके गरेबाँ की मरम्मत क्यों नहीं होती।

वो मुझमें बस चुका इतना, उसे मैं कैसे समझाऊँ,
मुझे उसकी अदाओं से मुहब्बत क्यों नहीं होती।

जहाँ ठोकर मिले हमको, वहाँ फिर हादसा ना हो,
हटा पायें वो पत्थर हम, ये फुरसत क्यों नही होती।

हया से उनकी नज़रें और पलकें झुक गयी हैं पर,
ये लब नज़दीक लायें हम, हिमाकत क्यों नही होती।

खुशी का इक बहाना चाहता हूँ।
ग़मों को भूल जाना चाहता हूँ।

बहुत जागा हूँ, सो लूँ, मैं कि तकिया,
तेरी बाँहों का पाना चाहता हूँ।

यहाँ से जब वो निकलें तो बताना,
मैं पलकों को झुकाना चाहता हूँ।

बताकर दर्द अपने मत रुलाओ,
मैं कुछ आँसू बचाना चाहता हूँ।

तुम्हारे प्यार की बारिश न ठहरे,
मैं जीवन भर नहाना चाहता हूँ।

बहुत धोखे दिये तूने मगर इक बार,
तुझे फिर आज़माना चाहता हूँ।

तुम्हारी बाँहों में हे 'विष्णु' आकर,
मैं दुनिया भूल जाना चाहता हूँ।

हो भला जो काम तो रोक मत, हो बुरा अगर तो वो टाल दे।
हो भले खुशी कि हों ग़म कई, मुझे सिर्फ़ अपना ख़याल दे।

न उदासियों को तू पास रख, न ही घुट के जीने से फ़ायदा,
जो भरा है मन में गुबार वो, मेरे सामने तू निकाल दे।

मैं बुझा हुआ-सा चराग़ हूँ, मैं थका हुआ कोई हंस हूँ,
मेरे पास आ, कि तू ऐसे छू, मेरी साँस-साँस उबाल दे।

न ही कॉपियों में है कुछ धरा, ये किताबें सारी फ़ुज़ूल हैं,
मैं लबों से उनका जवाब दूँ, तू नज़र से ऐसे सवाल दे।

मेरी ओर तू दो क़दम बढ़ा, तेरी ओर मैं भी बढ़ूँ ज़रा,
मैं दियों की तुझको कतार दूँ, मुझे तू अबीरो-गुलाल दे।

मैं तो आया था तुझे देखने, मेरा पाँव काई पे आ गया,
नदी खींच न तू भँवर-भँवर, मुझे लहर-लहर उछाल दे।

मेरे मुल्क का जो है रहनुमा, मेरी उससे है यही इल्तिजा,
उसे रौशनी का भी इल्म दे, जिसे जब भी कोई मशाल दे।

न यक़ीं हो खुद पे तुझे मगर, मुझे ऐतमाद है अपने पर,
तू भले कमर में कटार रख मेरे हाथ में मेरी ढाल दे।

जब मुझे प्यार में चुपके से निहारा उसने।
एक ख़्वाहिश को दिया जैसे सहारा उसने।

जिसे आवाज़ लगायी गयी जन्मों-जन्मों,
मौत के बाद कई बार पुकारा उसने।

वो मेरी दोस्त है इस बात का है एक सबूत,
वक़्त अच्छा कि बुरा साथ गुज़ारा उसने।

मुझको हर ओर मेरी हार नज़र आती थी,
मेरा बिगड़ा हुआ हर वक़्त सँवारा उसने।

अश्क मैं रोक नहीं पाऊँगा ये जानता हूँ,
मुझको गर देख लिया मुड़ के दुबारा उसने।

बेरुख़ी मैंने ज़रा-सी जो दिखाई उसको,
बिना शिकवे के किया मुझसे किनारा उसने।

जैसे वीरान खंडर था ये मेरा घर-आँगन,
शक्ल देकर उसे मंदिर की निखारा उसने।

हमारी आपकी चाहें मिलेंगी।
हमें ये मरमरी बाहें मिलेंगीं।

चली आओ तुम आँखे मूँदकर बस,
हमारे घर से ये राहें मिलेंगी।

दिलों से खेलना जारी रहा तो,
समझ लेना हमें आहें मिलेंगी।

न आँखें डालकर आँखों में देखो,
हमें सुनने को अफ़वाहें मिलेंगी।

अगर हम सोच थोड़ी-सी बदल लें,
तो मंदिर से भी दरगाहें मिलेंगी।

सोचिए गर दो दिलों में राब्ता हो जायेगा।
हिचकियों का खूबसूरत सिलसिला हो जायेगा।

दिल मेरा बच्चा है अपने पास ही रखिए इसे,
लग गयी इसको हवा तो बेवफ़ा हो जायेगा।

जिस्म था बेजान इसमें जान तुमने फूँक दी,
धड़कनें चलने लगी हैं फ़ायदा हो जायेगा।

क्या गला है आपका जैसे कि माता शारदा,
संग मेरे गाइए मत, बेसुरा हो जायेगा।

घूरकर मत देखिए हमको जनाब आप इस कुदर,
ऐसी नज़रों से तो दिल में रास्ता हो जायेगा।

प्यार करना या न करना मुस्कुराकर देख ले,
दिल के सफ़हे पर यक़ीनन हाशिया हो जायेगा।

ये नगर है पत्थरों का हैं यहाँ आँखें फुजूल,
देर तक देखोगे तो क्या आईना हो जायेगा।

सब ख़त जला डाले मगर, दिल से मिटा कुछ भी नहीं।
चारों तरफ़ फैला धुआँ, लेकिन जला कुछ भी नहीं।

हम ढूँढ़ते फिरते उसे जिसकी है सारी क़ायनात,
वो हर जगह मौजूद है, उसका पता कुछ भी नहीं।

बेटा हूँ उसका मैं अगर डॉक्टर हुआ तो क्या हुआ,
उसकी दुआ के सामने मेरी दवा कुछ भी नहीं।

प्यारी है उसको मौत और मुझको है प्यारी ज़िन्दगी,
उसकी वफ़ा के सामने, मेरी वफ़ा कुछ भी नहीं।

चलती हवा के कान में जलते दिए ने यूँ कहा,
इस हौसले के सामने तू ऐ हवा कुछ भी नहीं।

मैं बेख़बर हूँ आज तक जब से मुझे उसने छुआ,
उसके नशे के सामने तेरा नशा कुछ भी नहीं।

हर एक शायर ने कही है माँ पे अपनी शायरी,
ये तो सही है माँ बड़ी, पर क्या पिता कुछ भी नहीं।

नज़र तुमसे मिलाऊँ क्या।
तुम्हें ऐसे चुराऊँ क्या।

अभी तक हो अँधेरे में,
मैं इक दीपक जलाऊँ क्या।

वो आये ज़िन्दगी में फिर,
मैं धोखा फिर से खाऊँ क्या।

न इतरा जल के तू इतना,
हवा फिर से चलाऊँ क्या।

ये आँसू पोंछ भी लो तुम,
नहीं तो फिर हँसाऊँ क्या।

तुम्हारे ख़्वाब घायल हैं,
मैं पलकों को बिछाऊँ क्या।

मुझे महसूस भी कर लो,
मुहब्बत हूँ जताऊँ क्या।

न समझो यूँ कि बस बहला रहा हूँ।
जो सच्ची बात है बतला रहा हूँ।

और अब मक़्ते से भी महरूम हूँ मैं,
ग़ज़ल का मैं कभी मतला रहा हूँ।

अता तुमने किये थे जो भी मुझको,
उन्हीं ज़ख़्मों को अब सहला रहा हूँ।

चलेगा चाल कब तक मुझसे आगे,
वो नहला है तो मैं दहला रहा हूँ।

नहीं हैं बेग़रज़ आँखों में आँसू,
मैं इक तस्वीर को नहला रहा हूँ।

खुदा जाने उसे मुझमें दिखा क्या,
मैं तो बस आईना धुँधला रहा हूँ।

कोई चोरी नहीं की मैंने फिर भी,
मैं उसके सामने हकला रहा हूँ।

ग़मों को आईना दिखला रहा हूँ।
मुसलसल चोट दिल पे खा रहा हूँ।

ज़मीं और आसमाँ मिलते नहीं हैं,
सभी को मैं ये सच बतला रहा हूँ।

न वापस आयेगा बीता हुआ वक़्त,
मैं उलटे पाँव वापस जा रहा हूँ।

वो जिनमें अब तलक उलझा था खुद मैं,
उन्हीं ज़ुल्फ़ों को अब सुलझा रहा हूँ।

जो बातें खुद नहीं समझा अभी तक,
वही बातें उन्हें समझा रहा हूँ।

यक़ीनन एक दिन वो मेरे होंगे,
यही कहकर मैं दिल बहला रहा हूँ।

हज़ारों ठोकरें रस्ते में खायीं,
मगर ठहरा नहीं, चलता रहा हूँ।

जलाओ मत कि जलना जानता हूँ।
बिखरकर फिर सिमटना जानता हूँ।

न काढ़ो बाल मेरे उँगलियों से,
मैं ये सजना-सँवरना जानता हूँ।

मेरी प्यारी-सी कोई चीज़ ले लो,
मैं बच्चों-सा मचलना जानता हूँ।

मुझे आधे सफ़र में छोड़ देना,
अकेले भी मैं चलना जानता हूँ।

मेरी बेरंग-सी इस ज़िन्दगी में,
मैं फिर से रंग भरना जानता हूँ।

बताओ मत मुझे अपनी कहानी,
मैं अपने ग़म में गलना जानता हूँ।

मुझे पत्थर नहीं बनना है 'विष्णु',
मैं हर साँचे में ढलना जानता हूँ।

क़दम ज़मीं पे रखो ज़हन आसमाँ के लिये।
ये हौसला है ज़रूरी हर इम्तिहाँ के लिये।

जो दूर हो गये उनको भी पास लायेगा,
ये शहद पेश है लो आपकी जुबाँ के लिये।

जो आँसुओं से हैं तर ख़त छिपे किताबों में,
सुबूत हैं ये तेरी बेरुख़ी बयाँ के लिये।

जो ज़ख़्म तुमने दिये थे अभी भी ताज़ा हैं,
यही बचे हैं मुहब्बत के हर निशाँ के लिये।

न दिल दुखाया किसी का, बुरा कभी न कहा,
न जाने फिर जो यहाँ थे गये कहाँ के लिये।

किसी से क्यों मैं भला दर्द की गुहार लगाऊँ,
मुझे है तू ही बहुत ग़म के कारवाँ के लिये।

न पूछ दर्द है कैसा पिता के खोने का,
बहुत ज़रूरी है वो छत हर इक मकाँ के लिये।

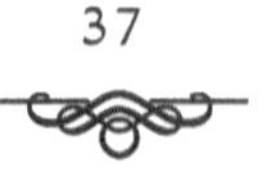

मुझसे मिलने की राह तो ले लो।
चाहतें बेपनाह तो ले लो।

पाक दामन जो जा रहे हो तुम,
मुझसे थोड़े गुनाह तो ले लो।

राह में उसकी बारिशें हैं बहुत,
मेरे दिल में पनाह तो ले लो।

कैसे मुंसिफ़ करेगा सुनवाई,
साथ कोई गवाह तो ले लो।

हो गये हो बड़े पिता से तुम,
पर पिता की सलाह तो ले लो।

चाँद-तारों को कैसे टाँकोगे,
मुझसे रातें सियाह तो ले लो।

इतनी अच्छी ग़ज़ल कही तुमने,
यार अब वाह-वाह तो ले लो।

जुनूँ के रास्ते हम नापते हैं।
सितारे सो गये हम जागते हैं।

वो शायद मुन्तज़िर होंगे किसी के,
झरोखों से जो अक्सर झाँकते हैं।

जुनूँ है या कि ये दानिशवरी है,
जो ऐबों को हुनर से ढाँपते हैं।

कोई मंज़िल न मिल पायी है उनको,
परिंदों की तरह जो हाँफते हैं।

न हूँ मुजरिम न ही मैं बेवफ़ा हूँ,
मेरे जज़्बात फिर क्यों काँपते हैं।

जो हैं नक़्क़ाद मेरे, पीठ पीछे,
रिसालों में मुझे वो छापते हैं।

मुहब्बत ख़ाक होगी उनसे 'विष्णु',
जो ग़म से डर के अक्सर भागते हैं।

ये सच है सारे पत्थर बोलते हैं।
ये कंकर मुझको शंकर बोलते हैं।

कभी महलों में तूती बोलती थी,
खंडर में अब कबूतर बोलते हैं।

न कह पायेंगे आँसू खुद कहानी,
तिरे तकियों के मंज़र बोलते हैं।

कभी इतनी बुलंदी थी हमारी,
ये बात अब वो ज़मीं पर बोलते हैं।

जहाँ में जैसा-जैसा दिख रहा है,
वही सब तो ये शायर बोलते हैं।

मैं सतही दिख रहा हूँ तुमको लेकिन,
मेरे अंदर समंदर बोलते हैं।

ये फक्कड़पन की बातें सुन रहे हो,
मेरे अंदर क़लंदर बोलते हैं।

ये गहरी खाई है कैसे पटेगी,
ये अब महलों से छप्पर बोलते हैं।

अगर आ जाओ तो होली मना लें।
कई रंगों के दिल में गुल खिला लें।

हमें मालूम है क्या होगा उनका,
अगर हम दूरियाँ उनसे बढ़ा लें।

अकेले में बहुत दम घुट रहा है,
चलो दीवार में खिड़की बना लें।

हमारे साथ अब साये नहीं हैं,
अँधेरा है, चलो अब दिल जला लें।

चहकने दीजिए औरों के पंछी,
अमी की डालियाँ नीचे झुका लें।

बहारें झूमकर गाने लगेंगी,
जो अपने सुर मेरे सुर से मिला लें।

अगर मन हो गया हो भारी-भारी,
चलो एकांत में आँसू बहा लें।

हमारी ईद हो जायेगी 'विष्णु',
अगर चेहरे से वो जुल्फ़ें हटा लें।

है बहुत ही खूबसूरत ये बहाना आपका।
पहले हमको रंगना फिर भीग जाना आपका।

हमने होली पर कभी लाँघी नहीं अपनी हदें,
आप कुछ भी कीजिए ये है ज़माना आपका।

मारना था दूसरे को, कर दिया घायल मुझे,
सदक़े जाऊँ आपके क्या है निशाना आपका।

आप जब भी मुस्कुराते हैं बिखर जाते हैं रंग,
हमको अच्छा लगता है हँसना-हँसाना आपका।

सब खुशी से तर-ब-तर हैं, आज के दिन देखिए,
है कहाँ तक ठीक यूँ हमको सताना आपका।

इस तरह हमको भिगोना क्या उचित है बोलिए,
भागकर कमरे में फिर छिपना-छिपाना आपका।

आपने इतना सताया, हम नहीं बोलेंगे अब,
रूठना है काम अपना और मनाना आपका।

उसके दिल के भरे सागर में उतर जाता हूँ।
अब मैं पहले से कुछ और निखर जाता हूँ।

कोई रिश्ता नहीं जब दर्द का उससे मेरा,
फिर वो जाता है जिधर क्यों मैं उधर जाता हूँ।

मेरे अन्दर तो कोई शामो-सहर रोज़ मरा करता है,
टूटता देख तुझे फिर भी बिखर जाता हूँ।

संगदिल उसने भले ता-उम्र मुझे समझा हो,
आज भी उसकी कहानी से सिहर जाता हूँ।

आप इक फूल हैं और मैं कोई भँवरा जैसे,
अब मुलाक़ात नहीं हो तो बिखर जाता हूँ।

खेत, खलिहान, मिरे भाई बहन और साथी,
जब सभी गाँव हैं, फिर क्यों मैं शहर जाता हूँ।

जब कभी मन मेरा हो उठता है बेचैन बहुत,
मानकर आपको मंदिर मैं ठहर जाता हूँ।

इस क़दर वक्त ने उलझा दिया मुझको 'विष्णु',
खुद को जितना भी सँवारूँ मैं बिखर जाता हूँ।

मझधारों से पूछ रहा हूँ, कौन दिशा यह जायेगी।
नाव मेरे अरमानों की क्या अश्कों में बह जायेगी।

तेरे होठों पर अंगारे मेरे होठों पर मुस्कानें,
नफ़रत की दीवार प्रेम के झोंके से ढह जायेगी।

मुझको तेरे गम ने सच में इतना है मज़बूत किया,
चाहे बारिश धूप हो जितनी सब ये शिला सह जायेगी।

जीवन भर घुट-घुटकर मैंने खुद को ही बरबाद किया,
कह न सका जो इन होठों से आँख मेरी कह जायेगी।

आप नहीं आते हैं किसी महफ़िल में ये सब जानते हैं,
एक बार आ जाओगे तो बात मेरी रह जायेगी।

चिराग़ आँधियों में जलाना ही होगा।
अँधेरा यहाँ से भगाना ही होगा।

तभी छू सकेंगे हम उस आसमाँ को,
हमें हादसों को भुलाना ही होगा।

बदलना है मुझको मुहब्बत में नफ़रत,
तुम्हें इश्क़ मुझको सिखाना ही होगा।

तुम्हें ना समझ पाया मेरी ख़ता है,
हो तुम क्या मुझे अब बताना ही होगा।

चले हैं अगर साथ हम तो, समझ लो,
हो अब धूप-छाँव निभाना ही होगा।

बुलंदी तभी रिश्तों में आ सकेगी,
अहम के गगन को झुकाना ही होगा।

आप गर दर्द के मारों को दवाई देते।
तो कभी इतने परेशाँ न दिखाई देते।

जीत का मुझको भी एहसास तो हो आता ज़रा,
आप आकर जो मिरे पास बधाई देते।

तल्ख़ियाँ बाँटने में हमने गुज़ारा जीवन,
आप गर साथ निभाते तो मिठाई देते।

शौक़ में क़ैद किये बैठे थे अपने दिल में,
यूँ भला कैसे मुझे आप रिहाई देते।

हमने माना कि नहीं आये कभी आपके पास,
हम चले आते अगर आप दुहाई देते।

रोज़ मैं चूड़ियों के रंग बदल सकता था,
जो मेरे हाथ में तुम अपनी कलाई देते।

अब अपने आप से धोखा तो कर नहीं सकता।
मैं अश्क वो हूँ जो दिल में उतर नहीं सकता।

मैं फूल बनके जहाँ में लुटा तो दूँ खुश्बू,
मगर मैं फूल की मानिंद मर नहीं सकता।

ये उम्र जिसके लिए मैंने रोक रक्खी थी,
वो मेरे वास्ते इक पल ठहर नहीं सकता।

कभी सिखाया था उड़ना जिन्हें हवा बनकर,
उन्हीं परों को मैं ऐसे क़तर नहीं सकता।

न घर की और न बाहर की फ़िक्र अब मुझको,
ये मेरा प्यार है दुनिया से डर नहीं सकता।

उन्हें जो देख लिया छा गया नशा दिल पर,
मुहब्बतों का ज़हर अब उतर नहीं सकता।

चाहत से नफ़रतों को मिटाता चला गया।
वो रूठते रहे मैं मनाता चला गया।

कुछ इस तरह ग़ज़ल में कही अपनी दास्ताँ,
सब रो रहे थे और मैं सुनाता चला गया।

उतनी ही मुस्कुराहटें होती गयीं उदास,
मैं आँसुओं को जितना हँसाता चला गया।

मंदिर में मैंने शीश झुकाया नहीं कभी,
सर माँ के चरणों में मैं झुकाता चला गया।

जिन पत्थरों से आपने घायल किया मुझे,
उन पत्थरों से शीशे बनाता चला गया।

कुछ बातों में तो आज भी ऐसा फ़क़ीर हूँ,
यूँ ही मता-ए-अश्क लुटाता चला गया।

मैंने किसी को ग़ैर कभी समझा ही नहीं,
सबको गले से अपने लगाता चला गया।

न ही शब से पहले जला करो, न सहर से पहले बुझा करो।
मेरी ख़ुशबुओं में बसो ज़रा, मेरे रूप में भी ढला करो।

जो कभी तुम्हारा न हो सका, वो बदल गया तो भी फ़िक्र क्या,
जो बुरा हुआ उसे भूल कर, सदा आगे-आगे बढ़ा करो।

ये मुहब्बतों की जो रौशनी, तेरे दिल में आज भी क़ैद है,
कभी दिल की खोल के खिड़कियाँ, ज़रा इस जहाँ को दिया करो।

ये जो अश्क हैं इन्हें पोंछकर मेरी एक बात ये मान लो,
कभी बन के तुम रहो इक कली कभी फूल बन के खिला करो।

न ही कमियाँ हों कोई आप में, न ही ख़ामियाँ ही रहें कोई,
जो पढ़ा है उसको लिखा करो, जो लिखा है उसको पढ़ा करो।

तेरे अश्कों को ज़रा आज हँसाकर देखूँ।
पास तूफ़ाँ के चराग़ों को सजाकर देखूँ।

या वो घबरायेगी या शर्म से हो जायेगी लाल,
आज चुपके से ज़रा हाथ दबाकर देखूँ।

इतनी हिम्मत तो नहीं पर ये तमन्ना है मेरी,
तेरे अरमान जो सोये हैं जगाकर देखूँ।

मेरे दामन में भी फल-फूल हों खुशियाँ महकें,
आ ज़रा वक्त तेरी शाख़ हिलाकर देखूँ।

लोग कहते हैं तेरा राग बहुत मुश्किल है,
बेसुरा ही सही मैं सुर तो लगाकर देखूँ।

लोग कहते हैं तुझे पावनी गंगा क्योंकर,
माँ के आँचल में ज़रा फिर से समा कर देखूँ।

राधिका बनके मेरी आप अगर आ जायें,
बाँसुरी फिर ज़रा होठों से लगाकर देखूँ।

हमारी ज़िन्दगी है क्या ये बतलाना ज़रूरी है।
तुम्हें ही सोचना, लिखना, वही गाना ज़रूरी है।

जता कर चाहतें अपनी मुझे बहला रहे हो जो,
अगर है प्यार मुझसे तो नज़र आना ज़रूरी है।

हवाओं से लड़ेंगे तो ये हमको तोड़ डालेंगी,
हवा के साथ ही हम सबको बह जाना ज़रूरी है।

अगर सच्चा हो दिल और साफ़गोई हो जुबाँ में तो,
न हकलाना ज़रूरी है, न घबराना ज़रूरी है।

अगर हासिल न हो मंज़िल तो हिम्मत हार जाओगे,
न मर जाना ज़रूरी है न मुरझाना ज़रूरी है।

किसी को हम अगर शिद्दत से सचमुच प्यार करते हैं,
तो बुतखाना ज़रूरी है न मयखाना ज़रूरी है।

हैं मथुरा में अधूरे कृष्ण, जो राधे से मिलना हो,
तो वृन्दावन, महावन और बरसाना ज़रूरी है।

जो न हल हो सके हों लाख सहारे लेकर,
क्या करोगे वो सभी प्रश्न हमारे लेकर।

आज मावस के अँधेरों ने हमें घेरा है,
तुम चली आओ चराग़ों के इशारे लेकर।

उनके आने से लगा साथ मिलेगा अब तो,
सो मैं सो जाता हूँ कुछ ख़्वाब कुँवारे लेकर।

चाँदनी रात है बाँहों में सिमट आओ तुम,
टाँक दूँ मैं ज़रा आँचल में सितारे लेकर।

सौंप दो मुझको ज़रा अपने ग़मों की पूँजी,
चूम लूँगा मैं सभी ज़ख़्म तुम्हारे लेकर।

वादियाँ दिल की भी कश्मीर-सी हो जाएँगी,
प्यार की झील में आ जाओ शिकारे लेकर।

अजनबी डोर से हम लाख बँधे थे फिर भी,
संग हम दोनों चले अपने किनारे लेकर।

नहीं सुनते हो जो कुछ बोलता हूँ।
जिसे तुम ढूँढ़ते हो वो पता हूँ।

मुबारक हो तुम्हें ख़ुशियाँ तुम्हारी,
मैं अपने ही ग़मों से खेलता हूँ।

कोई जलता हुआ दीपक दिखे तो,
समझना मैं हवा को रोकता हूँ।

उलझता ही नहीं हूँ अब किसी से,
हमेशा तोलकर ही बोलता हूँ।

किसी को दोष देने से मैं पहले,
मेरे अन्दर की कमियाँ ढूँढ़ता हूँ।

मेरी आवाज़ सुनकर रो पड़ोगे,
मैं अश्कों में तरन्नुम घोलता हूँ।

तेरी आँखों को आईना बनाकर,
मैं उसमें अक्स अपना देखता हूँ।

नहीं चल पाओगे तुम मेरे अन्दर,
मैं जंगल का कँटीला रास्ता हूँ।

ग़मों की आग, मद्धा करके 'विष्णु',
मैं अपने आँसुओं को सेंकता हूँ।

दोनों ने मन की मैल हटाई कुछ इस तरह।
होली की तरह ईद मनाई कुछ इस तरह।

सोते हुए भी नाम उन्हीं का लबों पे था,
साँसों में उनकी याद समाई कुछ इस तरह।

एक आईने को तोड़ लिया उसने आप में,
दिल टूटने की बात बताई कुछ इस तरह।

गंगा में उनके ख़त सभी मैंने बहा दिए,
उनकी हर एक याद भुलाई कुछ इस तरह।

वो सज रहे थे सजने में, मदहोश हो गये,
मन की कली थी हमने खिलाई कुछ इस तरह।

वो कँपकपी, झिझक थी ज़रा देर की ही बस,
पकड़ी थी हमने उनकी कलाई कुछ इस तरह।

मावस की रात ढल के हुई पुर्णिमा की रात,
चेहरे से उसने ज़ुल्फ़ हटायी कुछ इस तरह।

अहम नीचे गिरा लूँगा।
तो क़द ऊपर उठा लूँगा।

तेरी मद्धम-सी हर आहट,
मैं ख़्वाबों में बसा लूँगा।

तेरी साँसों की आँधी से,
दिया अपना जला लूँगा।

नज़र से कैसे निकलोगे,
मैं पलकों को गिरा लूँगा।

मेरी आँखें हैं तिश्नालब,
तेरे आँसू चुरा लूँगा।

तुम्हारी मुस्कराहट से,
मैं सारे ग़म भुला लूँगा।

दुश्मनी का इस जहाँ में एक हल है दोस्ती।
सिर्फ़ मतलब से भरी क्यों आजकल है दोस्ती।

वक़्त की आँधी ने जाने कितने बेघर कर दिये,
पर नहीं हिलती किसी से यूँ अटल है दोस्ती।

जब से आये हो इधर हर ओर खुशबू फैली है,
मेरे दिल के ताल में खिलता कमल है दोस्ती।

जिसके मतले और मक़्ते प्यार से लबरेज़ हों,
दिल हमेशा गुनगुनाये वो ग़ज़ल है दोस्ती।

जब किसी से दोस्ती हो सोच बौनी मत रखो,
जिसको दिलवाला ही समझे वो अमल है दोस्ती।

वक़्त जब आये कठिन तो याद बस आती है माँ।
चाहे कैसा भी हो मौसम प्यार बरसाती है माँ।

ख़त्म हो जाते हैं सारे दर्द दुनिया के कि जब,
रख के अपनी गोद में जब सर को सहलाती है माँ।

घर से बाहर हम निकलते हैं दुआएँ ओढ़कर,
देर फिर भी होती है तो कितना घबराती है माँ।

आखों और पलकों के दर तो बंद होते हैं सभी,
रात में जाने कहाँ से ख़्वाब में आती है माँ।

हो नहीं सकता अँधेरा ऐसा है घर में प्रकाश,
दीप का घी हैं पिता तो जल रही बाती है माँ।

जब समझ आता नहीं इस ज़िन्दगी का फ़लसफ़ा,
क्या ग़लत है ठीक क्या है सब ये समझाती है माँ।

जब तेरी गोदी में थे हम तो कहाँ थी कोई फ़िक्र,
हाथ से वो उम्र क्या यूँ ही फिसल जाती है माँ।

गुल खिलाओ ज़रा तितली को बुलाकर देखो।
काम ये भी ज़रा कन्धों पे उठाकर देखो।

आँधियाँ ऐसे ही रुक जायेंगी नफ़रत की अगर,
प्यार का एक दिया इसमें जलाकर देखो।

जानता हूँ कि तुम इस दिल में उतर जाओगे,
मेरी नज़रों से नज़र अपनी मिलाकर देखो।

हो परेशान सहर से तो ये रुक जायेगी,
हिचकियों से मेरा तुम नाम मिलाकर देखो।

तुमने रिश्ते तो बनाये बहुत आसानी से,
अब उन्हीं रिश्तों को ता-उम्र निभाकर देखो।

चैन की नींद तुम्हें ऐसे ही आ जायेगी,
अपनी पलकों पे मेरे ख़्वाब सुलाकर देखो।

लाँघकर इनको निकल जाना है आसान बहुत,
रास्तों से कभी पत्थर भी हटाकर देखो।

काँटो से फूल चुन के सजायी है ज़िन्दगी।
अपनी समझ रहा था परायी है ज़िन्दगी।

मैं इंतज़ार करके तेरा, जा रहा हूँ अब,
दर पर मेरे तू देर से आयी है ज़िन्दगी।

इसको दिखा के दूर से तड़पा न पाओगे,
हमने गले से खूब लगायी है ज़िन्दगी।

लो बात-बात में ही उसने बात खोल दी,
मौतों को जोड़कर ही बनायी है ज़िन्दगी।

उसकी कहानी सुन के हमें रोना आ गया,
फूलों ने पत्थरों से निभायी है ज़िन्दगी।

हाथों में हाथ लेके, बहुत प्यार से कहा,
मुश्किल से हमने पिछली भुलायी है ज़िन्दगी।

वादा ये है कि साथ निभाऊँगा उम्रभर,
अब मेरी दहाई की इकाई है ज़िन्दगी।

वो इस तरह से मेरे हम-आवाज़ हो गये।
मुझमें घुले तो मेरा ही अंदाज़ हो गये।

हमने तो उनसे जो भी कहा सब मज़ाक था,
वो हमसे बात-बात में नाराज़ हो गसे।

संगत हमारी देख के हैराँ थे अहले-बज़्म,
हम सुर बने तो आप ही वो साज़ हो गये।

ये फेर वक़्त का नहीं तो और क्या है बोल,
जो बेवफ़ा थे सारे दग़ाबाज़ हो गये।

तुमसे वफ़ा की आस भला क्यों रहे मुझे,
मेरे ही लोग जब मेरे ग़म्माज़ हो गये।

नफ़रत का मान लीजिये अंजाम आ गया,
हम दास्ताने-इश्क़ के आगाज़ हो गये।

मंज़र मिलन का आँख में था यूँ बसा हुआ।
बस एक पल में वक़्त था जैसे थमा हुआ।

ये शायरी का दौर कहाँ जायेगा बताओ,
वो शेर पढ़ रहे हैं हमारा कहा हुआ।

जो अश्क आ गये हैं उन्हें बहने दीजिए,
होता बहुत ख़राब है पानी रुका हुआ।

अब आप रहने दीजिए न कुछ बताइए,
हमको पता है दिल में है क्या-क्या छिपा हुआ।

लेकिन बजेगी प्यार की वंशी ये पहली बार,
हर सुर अगरचे लगता है पहले सुना हुआ।

जिसकी किसी भी बात का न ऐतबार था,
उसका ज़मीर आज मेरा आईना हुआ।

तारे मैं आसमान से तोड़ूँगा 'विष्णु' आज,
तू ऐसा मत समझना कि मैं हूँ थका हुआ।

हमें मुस्कान का मधुमास दे दो।
हमारे वो मधुर एहसास दे दो।

कभी फुरसत मिली तो बाँच लेंगे,
हमें भोगा हुआ इतिहास दे दो।

अगर रावण कोई फिर सर उठाये,
किसी रघुवीर को बनवास दे दो।

भरोसा उठ गया है अब सभी से,
तुम्हीं आकर तनिक विश्वास दे दो।

ज़माने भर ने ठुकराया है हमको,
तुम्हीं बस रह गये, उपहास दे दो।

परिंदा प्यार का घायल पड़ा है,
इसे उड़ने की कोई आस दे दो।

मरुस्थल कितना प्यासा हो गया है,
वो दरिया जो बुझाये प्यास दे दो।

ज़िन्दगी में प्यार का पैग़ाम लाती है सहर।
मेरे आँगन में हमेशा मुस्कुराती है सहर।

चाँदनी से रात का मोती बनाती है सहर,
पत्तियों पर ओस बनकर झिलमिलाती है सहर।

आपके दर पर निशा का रक्स होता हो तो हो,
मेरे दिल के साज़ पर तो गुनगुनाती है सहर।

नाचती फिरती है मेरे घर में इक नन्ही कली,
गोद में आते ही मन को गुदगुदाती है 'सहर'।

रात तूने क्या मिलाया सूर्य की किरणों में बोल,
क्या नशा है, क्या ख़बर, क्यों लड़खड़ाती है सहर।

ग़ैर की खुशबू से बेहतर है खुद का संदल होने दो।
गर मैं पागल होना चाहूँ मुझको पागल होने दो।

दिन का चैन और रात की नींदें कर लिया इसने सब बरबाद,
कुछ नहीं हो सकता इस दिल का इसको घायल होने दो।

बहुत दिनों से मेरे मन की झील मौन है इसको तुम,
पानी में कुछ हलचल कर दो, लहरों को चंचल होने दो।

अच्छे दिन जब नहीं रहे तो कैसे बुरे टिक पायेंगे,
मैं बादल बन जाऊँगा तुम खुद को न मरुथल होने दो।

मेरे रंग की कोई क़ीमत दुनिया की आँखों में नहीं,
नीली-नीली अँखियों का तुम मुझको काजल होने दो।

नज़र भरकर हमें देखो तो हर क़िस्सा बदल जाये।
मुकम्मल हो सकें अरमान, हसरत भी निकल जाये।

बहुत से दोस्त होते हैं मगर सच्चा वही है जो,
न छोड़े हाथ मुश्किल में, वचन जिसका अटल जाये।

अँधेरा कर दिया तुमने, छिपाकर चाँद बादल में,
हटा लो जुल्फ़ चेहरे से तो मेरा दिल बहल जाये।

लगा दूँ फूल बालों में रचा दूँ हाथ में मेहँदी,
कहीं तारे न छिप जायें कहीं ये शब न ढल जाये।

तेरी बातों में मिश्री है तेरी मुस्कान क़ातिल है,
तेरी आँखों की गर्मी में मेरा सपना न जल जाये।

चलो दूरी मिटा दें, पास हम दोनों सरक जाएँ।
हमारे बदन के इत्रों से ये साँसें महक जाएँ।

चलो कलरव करें ये शबनमी मौसम की आहट है,
उधर तुम भी चहक जाओ इधर हम भी चहक जाएँ।

ये फूलों-सी हँसी और नर्म बातों का ही नश्शा है,
कभी बेहोश हो तितली, कभी भँवरे बहक जाएँ।

तुम्हारे लब चटकने की अदा वल्लाह क्या कहिए,
उधर शीशे चटक जायें इधर कलियाँ चटक जाएँ।

इन आँखों को बता इस गुमरही से कोई मतलब है,
मुसाफ़िर दिल के रस्ते में, भटक जाएँ, भटक जाएँ।

अभी तो शाम ढलने की मुझे भी राह तकनी है,
अगर चमकें सितारे तो मुक़द्दर भी चमक जाएँ।

न मेरे सब्र का तुम इम्तिहाँ लेना, मैं 'विष्णु' हूँ,
मेरी आँखें न देखो फिर सरे महफ़िल छलक जाएँ।

मैं कितना टूटकर बिखरा हूँ तुमको कैसे बतलाऊँ।
उलझकर रह गये रिश्ते इन्हें कैसे मैं सुलझाऊँ।

चमक भी है, गरज भी है, इन्हें मत खोखला समझो,
हवाएँ तेज़ हैं बादल भला कैसे मैं बरसाऊँ।

मुहब्बत के समंदर में मिले कैसे भला दरिया,
मुझे रोका है बाँधों ने कहो कैसे चला आऊँ।

मेरे संगीत ने सोचा सब अपनी-अपनी धुन में हैं,
कोई सुनता नहीं है बज़्म में तो गीत क्यों गाऊँ।

ये रिश्ता निभ नहीं सकता तो रहने दो ये जैसा है,
नज़र में चढ़ न पाऊँगा तो क्या नज़रों से गिर जाऊँ।

तेरे बारे में मैं सोचूँ मेरे बारे में तू सोचे,
हवाओं में हमारे ख़ुशबुओं के इत्र बिखराऊँ।

बनाना चाहता था सीढ़ियाँ ख्वाबों की जन्नत तक,
बना क्यों कुछ नहीं पाया तुझे मैं कैसे समझाऊँ।

तुम्हारी याद में सोये नहीं हैं।
रहे गुमसुम मगर रोये नहीं हैं।

लकीरें हाथ की क्यों पढ़ रहे हो,
तुम्हारे पास हैं खोये नहीं हैं।

हमारे पाँव में क्यों चुभ रहे हैं,
जो काँटे आज तक बोये नहीं हैं।

कहानी रात की पढ़ लो कि हमने,
अभी तक ये नयन धोये नहीं हैं।

सभी सम्बन्ध इन पलकों पे रखकर,
निभाते आये हैं ढोये नहीं हैं।